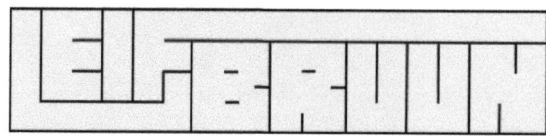

Ledelse

Ledelse er at arbejde med mennesker.
Effektiv ledelse er at respektere dette!

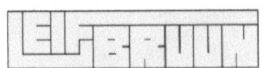

Bogoversigt

Præsentation af bøgerne og øvrige oplysninger
kan du se på min hjemmeside

Leif Bruun - 2019
leifbr@leifbr.dk
www.leifbr.dk

© 2019 – Leif Bruun
Forlag: Books on Demand – København, Danmark
Fremstilling: Books on Demand – Norderstedt, Tyskland
Bogen er fremstillet efter on-Demand-proces

ISBN 9788743013716

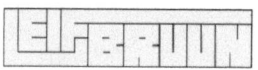

Indholdsfortegnelse

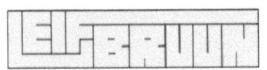

Indledning

Denne bog handler om ledelse i ordets egentlige betydning. Nemlig den, at ledelse er at arbejde med mennesker, og at en leder er en person, der står i spidsen for en gruppe mennesker med ansvaret for løsningen af nogle bestemte opgaver. Jeg er fuldt ud vidende om, at ledere i almindelighed også har mange andre opgaver, de ligger blot uden for denne bogs rammer.

I mit arbejdsliv i Søværnet, handelsflåden, offentlige og private virksomheder har jeg gjort mig nogle erfaringer omkring ledelse - egne ledererfaringer såvel som erfaringer med andres ledelse af mig. Disse erfaringer og tilhørende tanker har jeg sammenholdt med de synspunkter, jeg fremkommer med i min bog *Det menneskelige væsen,* der handler om den menneskelige psyke. Resultatet jeg er kommet frem til, er som sagt, at

> ledelse er at arbejde med mennesker.
> Effektiv ledelse er at respektere dette.

Og det vil jeg gerne skabe forståelse for med denne bog.

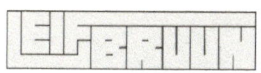

Ledertrekanten

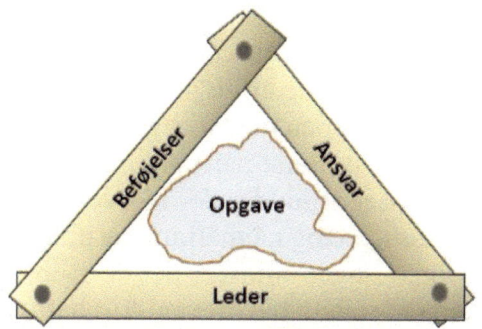

Ønskes en opgave løst effektivt og harmonisk,
skal den være omsluttet af én ansvarlig leder
med de nødvendige beføjelser!

Dette trekantede postulat vil jeg i de næste afsnit forsøge at
gøre til en dokumenteret kendsgerning:

Leder

Går vi hele den darwinistiske vej tilbage og kigger på vores
rødder, dyrene, kan man rimeligvis inddele dem i flokdyr
og ikke flokdyr. Uden at kalde mennesket et flokdyr, kan
der ikke være tvivl om, at det er dem, vi er efterkommere
af. Blandt flokdyr er der altid en leder - ellers vil der hurtigt
blive udkæmpet en indædt kamp mellem 2 eller flere rivaler
om, hvem der skal være det. Sådan har det også altid været
i menneskeflokke / stammer / samfund. Her har vi bare ef-
terhånden udviklet nogle mere snu ledere, der holder sig i
baggrunden, opfinder våben, uddanner soldater og lader an-
dre om at udkæmpe kampene.

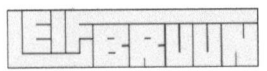

Til alle tider og i alle situationer har det været sådan, når mennesker - frivilligt eller ufrivilligt - af en eller anden årsag sluttes sammen i en gruppe, går der automatisk en proces i gang, hvor der opbygges et hierarkisk system med en leder i toppen. Indtil dette er afgjort, vil der være en masse splid og ballade i gruppen med intriger, magtkampe og måske det, der er værre. Først når rangordenen er fastlagt og territorierne er tisset af, falder der ro over gruppen, og den er i stand til at fungere og nå målsatte resultater. Dette urinstinkt er der ikke noget odiøst i, det er et instinkt, vi skal være glade for, for ellers havde vi aldrig haft nogen udvikling.

En betingelse for at det nytter noget at løfte i flok,
er, at der er én, der råber: Hiv, ohøj!
Én råber er passende, hverken flere eller færre!

Uanset hvor stor eller lille en opgave er, er det vigtigt, at der fra starten udnævnes én leder med det overordnede ansvar. Det kan lyde banalt, men det er forsømmelighed på dette område, der er årsag til de fleste samarbejdsproblemer. Alligevel hører man ofte grupper, der mener, at de ikke behøver en leder:

● - Vi kender hinanden så godt.
● - Der er et spørgsmål om velvilje og samarbejde.

Men dybest set vil der altid finde en magtkamp sted mellem de implicerede personer om at være den ledende. Den slags arrangementer går kun godt, hvis der i gruppen er et naturtalent, der klart løber af med lederskabet. Men højest sandsynlig er der flere af de andre, der går rundt og er småfornærmede, og på et tidspunkt finder førerhunden det for anstrengende at gå foran og tage besværet. Resultatet bliver uvægerligt, når arbejdet kommer til en kritisk fase – som

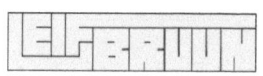

alle opgaver har (se *De 5 projektfaser* side 24) - smuldrer den gode vilje og samarbejdet ind til ingenting.

Det er en ikke ualmindelig virksomhedspolitik ved vigtige opgaver, at udnævne flere ledere til at være ansvarlige. Resultatet giver næsten sig selv. Da det nu er en vigtig opgave, vil alle være ivrige og interesserede. Der vil blive holdt møder i massevis, skrevet notater i stakkevis, blive diskuteret i timevis, alle vil have en mening om, hvordan de ville løse opgaven, hvis ... Men konkret sker der ikke andet, end at til fyraften tager man hjem og kan ikke forstå, hvorfor man er så usigelig træt!

Fællesansvar hører hjemme i kollektiver - hvis det da fungerer der - og ikke i effektivt ledede organisationer.

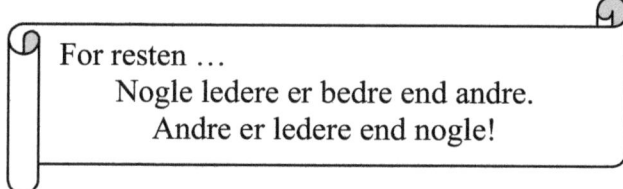

For resten ...
> Nogle ledere er bedre end andre.
> Andre er ledere end nogle!

- Hvorfor er ledere ofte så upopulære - magtmennesker, karrieredyr, og hvad det ellers er, man kalder dem?

Der er der uden tvivl mange forklaringer på. Misundelse kan være en af dem. At de færreste har gjort sig klart, at ledere virkelig er en nødvendighed, kan være en anden. Noget helt tredje er, om det er de rigtige ledere, vi har? Hvad er det for krav, vi stiller til de mennesker, vi har i forreste række som vores repræsentanter? Stiller vi overhovedet nogen krav? Er det ikke blot de mest højtråbende - med rundsave på albuerne, dem der forstår at sige de rigtige ting på de rigtige tidspunkter, der ender med at blive udnævnt?

Tv viser løbende succeshistorier om virksomhedsejere / ledere, der på kort tid har banket en virksomhed op. Som regel handler det om mennesker, der har så lang arbejdstid,

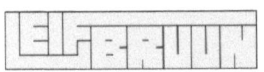

at man bliver svimmel bare ved at høre om det. På skrivebordet har de billeder stående af ægtefællen og børnene. Jeg går ud fra, det er fordi de med passende lejligheder repeterer deres navne og udseende for ikke at glemme dem. Stolte viser de rundt i <u>deres</u> virksomhed, gør meget ud af at vise, at de uden videre kan gå ind i alle niveauer af organisationen og med stor autoritet sætte medarbejderne på plads.

Hvis det er sådanne kriterier, vi bruger for at karakterisere succesrige ledere, kan jeg godt forstå uviljen imod dem. I mine overvejelser om lederevner indgår der ikke betragtninger om, hvor mange eller hvor få timer lederen arbejder, og hvor meget eller lidt man ved om alt muligt, der ikke vedkommer jobbet.

For resten ...
Topledere og toppolitikere har typisk
mindst dobbelt så lang arbejdstid, som andre.
Det vil sige, at de mennesker,
der fastsætter spillereglerne for alle os andre,
har ingen erfaring med det liv, vi lever!

Det, der betyder noget i min karaktergivning, er, om lederen forstår at tiltrække effektive og kvalificerede medarbejdere - får disse til individuelt at engagere sig i arbejdet og tilsammen at fungere som et hold - der når de mål, der er sat.

Generelt vil jeg påstå, at virksomhedsejere er dårlige ledere. De er for følelsesmæssigt engagerede, kan ikke være objektive, blander privatliv og arbejdsliv sammen og mister overblikket. Og så vil jeg da for øvrigt nødigt overlade ledelsen og dermed indflydelsen til den slags arbejdsnarkomaner, der tilsyneladende ikke har andre værdier i tilværelsen.

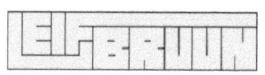

> For resten ...
> Ledere, der altid er villige til at gøre,
> sige og mene det, der forventes af dem,
> og som kan lukke effektivt af for mislyde,
> er efterspurgte af mange chefer.
> Kortsigtede, konfliktsky chefer!

Vi ligger, som vi har redt. Vi har de ledere, vi fortjener. Og det bliver ikke anderledes, førend vi gør en indsats. I sandhedens navn er det også på høje tid, vi får ændret den forældede opfattelse af, at vi er til for ledernes skyld. Omvendt er lederne heller ikke til for vores skyld. Det er nemlig slet ikke et spørgsmål om skyld. Derimod drejer det sig om at hjælpe hinanden. Vi må forstå, at vil vi have et ordnet og udviklende samfund, er effektive ledere en nødvendighed. Indsatsen består i at kæmpe for at få dygtige ledere med synspunkter, der repræsenterer det samfund, vi ønsker at opnå.

Et lederjob er en tillidssag. Det skal være noget, man er udvalgt til. En leder er valgt til at gå foran og vise vejen. Og gør lederen det ikke, som vi forventer, må vi vælge en anden, der forstår budskabet.

Et lederjob må aldrig blive en livstidsstilling. Det er katastrofalt, hvis ikke lederen har gejst og entusiasme. Og det har lederen ikke, hvis han/hun gror fast i jobbet.

Ansvar

Ansvarlighed - er
at tage stilling,
være en del af processen,
række ud efter
og nå det,
det drejer sig om!

Det er de færreste nye ledere, der i forvejen gør sig klart, at
de løber en risiko og påtager sig et stort ansvar, når de træ-
der ud af kollegernes fællesskab, mister en stærk fagfor-
ening, fællesoverenskomstens tryghed, og nu skal ud og stå
på egne ben med alles øjne hvilende på sig.

En leder står altid alene
mellem mindst to parter
med modstridende interesser.

Lykkes det for lederen at få succes, er alt fryd og gammen.
Men ingen ledere kan ride på den bølge i det uendelige, og
lige pludselig vender lykken. Og uanset hvor uskyldig lede-
ren er, er det ham/hende, der står for skud.

Det er ikke for at beklage lederfunktionen, jeg skriver så-
dan, for der er ikke noget forkert i det. Når en afdeling ikke
lever op til målsætningen, skal den overordnede ledelse re-
agere, og alt andet lige er det nemmere at udskifte en leder
end at reorganisere afdelingen. Det skal være nøjagtigt, som
det er for trænere indenfor fodboldverdenen i dag: På godt
og ondt er alt trænerens ansvar. Gør det for ondt, udskifter
man træneren. Det kan selvfølgelig gøre ondt på træneren,

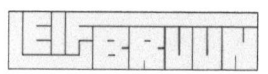

men han vidste, hvad han gik ind til, valgte selv at satse og har forhåbentlig en god fratrædelsesaftale.[1]

Som leder skal man gøre sig klart, at det er på lånt tid, man har jobbet. Et lederjob skal man ikke gro fast i, det stopper udviklingen - både for én selv og for ansvarsområdet.

Det er ikke alle ledere, der har gjort sig deres ansvar klart. Fx efter skibskatastrofen Scandinavian Star for nogle år siden, hvor over hundrede mennesker indebrændte, forsvarede kaptajnen sig med, at han var blevet presset til at se gennem fingrene med nogle sikkerhedsforskrifter! Jamen, en kaptajn bestemmer da suverænt på sit skib, og der er da ikke nogen, der kan presse ham til noget, så må han da nægte at være kaptajn.

Ikke desto mindre kæmpede man i mange år om, hvor i ejerkredsen ansvaret for ulykken skal placeres. Det burde der ikke kunne være nogen tvivl om. Det er kaptajnens - helt og aldeles. Det man burde kæmpe om, var at finde ud af, hvem der pressede kaptajnen. For det må da være strafbart.

> For resten ...
> Hvis man har påtaget sig et ansvar,
> man ikke lever op til,
> bliver livet en flugt.
> En skønne dag bliver man fanget!

---

[1] I *Det menneskelige væsen* beskriver jeg i afsnittet *Selverkendelse* om de menneskelige aspekter i det at blive valgt, alternativt valgt fra.

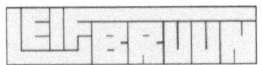

Beføjelser

For at en leder kan påtage sig at løse en opgave, må han/hun have de nødvendige beføjelser. Det lyder lige så selvfølgeligt, som at 2 og 2 er 4. Alligevel er manglende beføjelser den hyppigste årsag til at lederskabet mislykkes.

Når man laver lederaftaler, er der masser af entusiasme og god vilje til stede. Det vil man ikke sætte over styr ved at snakke kompetenceområder og andre kedelige ting:

- - Det finder vi ud af hen ad vejen.
- - Min dør står altid åben.

Men det var netop i lyset af dette overskud og god vilje, man skulle have lavet stillingsbeskrivelsen - så præcis som muligt. For så behøvede man ikke bruge energierne på det senere i forløbet. Den sparede energi kunne i stedet bruges til at udfylde de småhuller, der selvfølgelig altid vil opstå.

For senere i forløbet, når de kritiske situationer opstår, er det, at de uaftalte aftaler får deres katastrofale betydning. Godt nok står døren åben, men chefen har ikke lige tid, når lederen har brug for ham - med det resultat, at vigtige afgørelser må udskydes. Sådan noget opdager medarbejderne med det samme, og mister respekten for lederen. En ond cirkel er sat i gang, og den gode vilje ændres til småsnakken i krogene. De før så entusiastiske samtaler bliver til misforståelser og småskænderier. Opgaven begynder at løbe af sporet, og de implicerede begynder at samle beviser for at holde ryggen fri:

- - Det er ikke mit ansvar.
- - Jeg har gjort som aftalt.

Især indenfor det offentlige er ledere med manglende beføjelser mere reglen end undtagelsen. Det hænger sammen med, at man her hellere vil lave regulativer og 'Sådan plejer

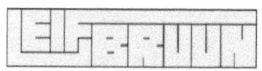

vi at gøre!' i læssevis og således opbygge et system, så stort
set enhver beslutning kan træffes uden direkte beføjelser.

Problemet er bare, at levende mennesker ikke på den
måde kan puttes i bås med noget fornuftigt resultat. Og kon-
sekvensen er, at det kun er paragrafryttere og skrankepaver,
der kan begå sig i et sådant bureaukrati.[1]

-- o --

Ledere må have de nødvendige beføjelser og er nogle magt-
fulde mennesker med stor indflydelse på udviklingen - både
indenfor og udenfor arbejdspladsens grænser. Derfor er det
vigtigt, at det er de rigtige mennesker, vi får valgt, og at vi
holder godt øje med dem.

Ledelse er et udadvendt job i dialog med mange menne-
sker og med åbne beslutninger. Det betyder ikke, at lederen
i tide og utide skal forklare og forsvare sine beslutninger.
Lederens beføjelser er suveræne indenfor ansvarsområdet.
Kun i tilfælde af overvejende mistillid til lederen, må det
have de nødvendige konsekvenser.

---

[1] I *Det menneskelige væsen* beskriver jeg i kapitlet *Ansvarsforflygtigel-
ser* nærmere om, hvad det er, der sker på det menneskelige plan for
ledere med manglende beføjelser.

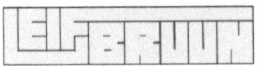

Målrettet ledelse

En leders opgave er at få medarbejderne til med størst mulig fart at bevæge sig i den rigtige retning for at nå målet. Billedlig talt kan man forestille sig, at der er bundet et tov i hver medarbejder, og at lederen står med op til flere tovender i hver hånd og skal styre dem i den rigtige retning.

Hvis medarbejderne vil i forskellige retninger, har lederen et problem. Han kan vælge at slippe tøjlerne og opgive styringen, eller han kan gøre modstand og håbe på, han ikke bliver revet i stykker.

Den målrettede leder binder tovenderne sammen i en stor knude og styrer denne i den rigtige retning ved at lede de enkelte medarbejdere.

For resten …
Ligeså effektivt et tov er til at trække med,
ligeså ubrugeligt er det til at skubbe med!
Mennesker derimod,
de kan hverken trækkes eller skubbes
til noget som helst fornuftigt,
de skal motiveres!

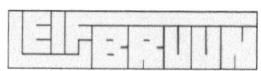

Kunsten at være leder

En leders opgave er at opnå de bedst mulige resultater i henhold til målsætningen for sit ansvarsområde. Nøglen til løsning af denne opgave er -

• at få ansvarsområdet til at fungere som en helhed ved at opbygge et tillidsforhold, så medarbejderne har mulighed for at være i harmoni med sig selv, hinanden og omgivelserne.

• at gennemføre og opretholde systemer, så rutineopgaver udføres effektivt og uden sværdslag og at udnytte de overskydende resurser bedst muligt.

• at motivere medarbejderne til at være engagerede og resultatorienterede ved at uddelegere ansvar og beslutninger.

Kunsten er så at få taget de rigtige beslutninger!

-- o --

Uden at gøre forsøg på at komme hele vejen rundt om det svært tilgængelige emne *Målrettet ledelse*, vil jeg i det efterfølgende forklare mig ved at beskrive forskellige synspunkter:

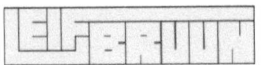

Ansættelsesprocedure

Nye medarbejdere ansættes i dag - nærmest uden undtagelser, har jeg indtryk af - oppefra. Dvs. oftest lader man et konsulentfirma overtage seancen - og dermed reelt også valget. Herved opnår man, at både den nye medarbejder og de øvrige på arbejdspladsen står fremmede overfor hinanden og gensidigt føler, at de har fået hinanden presset ned over hovedet - hvilket de jo sådan set også har.

Det er muligt, det er en god idé, at bruge konsulentfirmaer til at finde frem til de bedst kvalificerede kandidater, men selve præsentations-, samtale-, udvælgelses- og ansættelsesseancen, må man absolut ikke lade nogen udefra blande sig i. For det drejer sig jo netop om, at komme til at kende kandidaterne bedst muligt, inden man træffer sit valg.

At finde de rigtige medarbejdere er altafgørende for enhver arbejdsplads, så det skal man have tid til oppefra. Og jo bedre man forstår, at inddrage fremtidige kolleger og medarbejdere i udvælgelsen, des bedre er det. Hvis man ligefrem kan få parterne til at føle, at de selv har valgt hinanden, er vejen banet for den bedste start på det fremtidige samarbejde, og alle parter vil føle sig forpligtigede til at få det til at fungere.

De bedste forudsætninger
for et godt samarbejde, er,
at parterne selv har valgt hinanden!

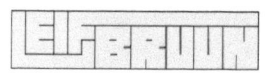

- **Belønningsforfremmelser:** I en stor organisation sker det ofte, når der opstår en tom stol et eller andet sted, at man retter opmærksomheden nedad i rækkerne. Hvis man der får øje på en medarbejder, der er dygtig til sit arbejde, flytter man ham (m/k) op i stolen. Bliver medarbejderen også dygtig i sit nye job, vil man på et eller andet tidspunkt, få øje på ham igen og flytte ham til en ny tom stol højere oppe. På et eller andet tidspunkt bliver medarbejderen uvægerligt placeret i et job, hvor han ikke fungerer så godt. Her gror han fast, for nu er der ikke nogen oppefra, der får øje på ham mere.

Hvis dette princip rendyrkes, kan det lade sig gøre at opbygge en hel organisation af medarbejdere, der ikke fungerer tilfredsstillende[1].

Information

- Vi skal sådan passe på, hvad vi siger, for der opstår utroligt nemt rygtedannelse her i virksomheden, er der visse ledere, der mener - alt mens de træffer både små og store beslutningen uden at informere medarbejderne.

Selvfølgelig skal man passe på med, hvad man informerer om, og det er ikke alt, man skal sige. Det kan endda være på sin plads at bruge en hvid løgn. Men vil man som leder have harmoni med sig selv og sine medarbejdere, må man spille med åbne kort. Så må man stå ved sine beslutninger. Ikke at man nødvendigvis skal forklare sine beslutninger. Det har jo kun historisk interesse. Men det er vigtigt her og

---

[1] En noget tilsvarende forklaring er givet i Laurence J. Peter og Raymond Hull's bog *Peter-princippet*.

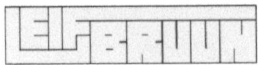

nu at meddele, at den og den beslutning er truffet. Nu står vi her, og vi skal gerne hurtigst muligt derhen. Hvordan kommer vi det? Hermed er medarbejderne inddraget i processen, ansvarliggjorte og engagerede. Og sandsynligvis bidrager de med løsningsforslag, man ikke selv havde drømt om.

Medarbejderpleje

Har du talt med dit barn i dag? hed et slogan for mange år siden. Som far er det for mine børns vedkommende for længst ændret til: Har du talt med dine forældre i dag? Som leder vil jeg ikke blot oversætte det til, har du talt med dine medarbejdere i dag? men

> har du for nylig stillet dig til rådighed
> for dine medarbejdere
> og givet dem mulighed for
> at fremføre deres synspunkter?

På mange arbejdspladser har man indført årlige medarbejdersamtaler, hvor lederen sætter sig sammen med medarbejderne enkeltvis med et stort skema, hvor man krydser af, fylder felter ud, underskriver med kopi til personalekontor og hver især. Det er da alt sammen bedre end ingenting, men det er ikke det, jeg forstår ved medarbejderpleje.

Medarbejderpleje foregår i hverdagen. En leder må simpelthen tage sig tid til at komme rundt og stille sig til rådighed for sine medarbejdere - vise interesse for dem som personer, komme ind på livet af dem, spørge hvordan det går, og hvordan de har det.

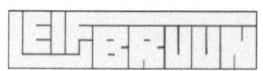

Medarbejderpleje er også med jævnlige mellemrum at kalde medarbejderne sammen og orientere dem om den aktuelle situation og om, hvad der venter i fremtiden. Spørge efter medarbejdernes mening - samt give dem lejlighed til at stille spørgsmål og komme med kommentarer.

• **Kritik** Selvfølgelig skal lederen løbende bedømme sine medarbejdere - både for deres faglige indsats, og for hvordan de fungerer rent menneskeligt på arbejdspladsen. Og selvfølgelig skal denne bedømmelse bruges til at tilpasse den enkeltes løn og jobindhold.

Hermed lægger jeg altså op til, at lønnen bruges som gulerod til at gøre en indsats - hvilket den også er særdeles velegnet til.

Derimod må lønnen aldrig bruges til at trykke en dårlig medarbejder - med det håb, at så rejser vedkommende nok snart. Det gør blot ondt værre, for det gør den slags medarbejdere ikke.

Kritik skal altid afgives under 4 øjne, ærligt og hensynsfuldt.[1] Uanset hvor negativ kritikken er, skal lederen altid afslutte samtalen positivt, opnå en gensidig aftale om, at fremover bliver det bedre og overbevise medarbejderen om, at denne stadig har lederens fulde tillid. Kan lederen ikke det, må han afskedige medarbejderen. Der findes intet fornuftigt alternativ.

Jeg har selv oplevet en chef, der skældte en leder ud i både medarbejderes og kollegers påhør:
- Du er uduelig ... - Din kredit er opbrugt ... - Jeg vil ha' dig fyret.

---

[1] I *Det menneskelige væsen* har jeg i afsnittet *Kritik* uddybet dette nærmere.

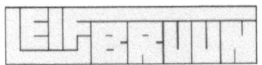

Lederen, der i forvejen havde problemer med sin afdeling, havde efter den episode ikke en chance for at rette op på noget som helst. Al respekt og gennemslagskraft var forduftet. Som en selvopfyldende profeti fik chefen ret. Et år efter episoden kunne alle se, at lederen var håbløs til sit arbejde og nødvendigvis måtte fyres. At afdelingen i det mellemliggende år stort set havde været uproduktiv, og forløbet havde nogle store menneskelige omkostninger, var der ingen, der drog chefen til ansvar for.

Selvfølgelig skal medarbejderne også bedømme deres leder. Hvordan det skal foregå, er nok en individuel sag. Fx kan det gøres på et medarbejdermøde, hvor hver medarbejder - anonymt - udfylder et skema og eventuelt i fællesskab nedfælder en kritik. Det fremkomne materiale kan så efterfølgende gennemgås af tillidsmanden, lederen og dennes chef.

> For resten ...
> Selvfølgelig skal ukrudt bekæmpes.
> Men det er ved at dyrke afgrøderne,
> kampen skal vindes.

Konfliktløsning

Hvor mennesker mødes, opstår der sød musik. Ja, og lige så sikkert er det, at der fra tid til anden også vil opstå konflikter. Det er her lederen skal bevise sine kvalifikationer. For hvis ikke sådanne konflikter tages i opløbet, og bliver håndteret på en kompetent måde, vil det uvægerligt bringe disharmoni i hele afdelingen.

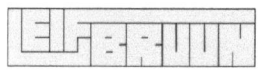

Det ideelle er selvfølgelig at finde ind til problemet og om muligt få det bragt ud af verden. Det er at spørgsmål om samtaleteknik, og om at få parterne til at tale med hinanden frem for at bekrige hinanden.

På længere sigt vil man ofte stå tilbage med den konklusion, at det er den samme person, der er hovedårsagen til konflikterne. Her har man som leder et virkeligt problem. Samtaler hjælper kun kortvarigt, og man kan være sikker på at konflikterne dukker op igen og igen, hvis ikke der gøres noget. I en sådan situation skal man virkelig være kreativ og prøve alle muligheder for at finde en god løsning. Folk reagerer forskelligt med hinanden, så har man muligheden for det, kan det måske være en idé at ændre medarbejderens jobsituation med andre kolleger. Men man skal heller ikke være blind for, at den type medarbejdere ofte har specielle evner til at virke som små uskyldigheder og sandsynligvis har stor erfaring i at køre på kanten af en fyreseddel uden at falde i fyret. [1]

Den slags situationer er dybt ulykkelige både på grund af disharmonien på arbejdspladsen, og i allerhøjeste grad også for medarbejderen. Der er ingen, der kan holde til at være på kant med sin arbejdsplads i årevis uden at tage skade som menneske. I tilfælde af ovennævnte karakter er der mest humane at give en fyreseddel hurtigst muligt, inden det udvikler sig yderligere.

Også for lederen er ovennævnte en svær situation, der kræver, at hans beføjelser er klart definerede, for hvordan dokumenterer han ellers bagefter, at der var disharmoni blandt medarbejderne.

---

[1] I *Det menneskelige væsen* beskriver jeg bl.a. i afsnittet *Nedgørelser* nærmere om hvad det er, det sker, når mennesker med mindreværd folder sig ud på arbejdspladser, og hvilke uheldige konsekvenser det har.

De 5 projektfaser

1. <u>Opstartsfasen</u>: Endelig er vi i gang. Alt er lutter lagkage. Den euforiske stemning gør alle til venner, hjælpsomme med mange skulderklap. Arbejdsenergierne sitrer.

2. <u>Arbejdsfasen</u>: Det er hårdt. Målene er længere væk end forudset. Der knokles så sveden springer. Nedslidningen begynder. Som i alle andre menneskelige relationer opstår der gnidninger, skænderier, konflikter, småsnakken i krogene. Kammerateriet smuldrer.

3. <u>Panikfasen:</u> Vi når det ikke! Alle har travlt med at forklare sig: Det er ikke min skyld! En stor del af tiden bruges på at holde ryggen fri, hvilket selvfølgelig influerer på forsigtigheden af de dispositioner, der træffes. Projektet er på det nærmeste ved at gå i stå.

4. <u>Handlingsfasen:</u> Det er her, de ansvarlige medarbejdere træder frem. Træffer de nødvendige beslutninger. Retter skuden op og sætter fuld damp på.

5. <u>Selvretfærdiggørelsesfasen:</u> Alle har travlt med at tage æren for det, der gik godt - og skubbe ansvaret fra sig for det, der gik skidt.

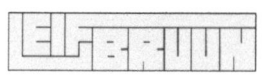

Lederprofiler

Som i så mange andre sammenhænge er det nemmere at be-
skrive nogle negative lederprofiler og på den måde komme
nærmere sandheden om den målrettede leder, der kan kun-
sten. Det vil jeg benytte mig af i det efterfølgende:

• **Arbejdssoldaten** Der findes ledere, der til hver en
tid er loyale og disciplinerede
overfor arbejdspladsen og deres foresatte, og udfører de op-
gaver de bliver pålagt uden udsving i følelser og engage-
ment. Problemet er blot, at hvis en leder ikke har en hold-
ning til tingene og sine meningers mod, mister medarbej-
derne hurtigt tilliden til og respekten for ham (m/k).

• **Katastrofen** Det er den type ledere, der tror, de
kender samtlige medarbejderes ar-
bejdsfunktioner til bunds, og som bruger masser af energi
på at tilegne sig viden og gemme denne for andre, så de kan
føle sig uundværlige. Hvorefter de med stor indignation til-
kendegiver sig vidt og bredt med udtalelser som:
- Man skal også hele tiden følge op i hoved og røv på folk,
hvis tingene skal laves rigtigt.
 Deres egentlige problem er, at de af en eller anden årsag
lider af mindreværd.

• **Rundsavsalbuen** Den personligt ambitiøse type,
der altid er villige til at gøre,
sige og mene det, man oppefra forventer af ham, og effek-
tivt kan lukke af for mislyde, der kommer andre steder fra.

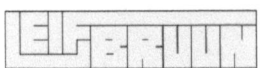

- **Konservativen** Den satte forsvarende type, der mener, forholdene er, som de er. Det har de været de sidste 10/20/30 år, og det skal, der ikke komme nogen og lave om på.

- **Mester** Kender du Mester - med stort M, ja! Ham med den for længst udbrændte cigarstump i mundvigen, det strittende hår og de stirrende øjne, man alligevel aldrig får kontakt med. Altid stresser han rundt, og har travlt med noget, der burde have været ordnet for længst.

Han taler ikke med sine folk, han råber og skælder ud i forbifarten. Kun når det gælder kunderne. Så vender han 180 grader, bliver slesk, taler efter munden og lover guld og grønne skove - som ingen tror på alligevel.

Mesters kontor ligner et overfyldt pulterkammer. Der er kun lige en farbar sti hen til telefonen. Skrivebordet er overfyldt med papirer, twist og alle mulige andre ting.

Mester er ikke vellidt nogen steder. Men det er ingen, der beklager sig, for alle er afhængige af ham. Mester har været på arbejdspladsen længst og har foden indenfor alle steder.

Er Mester fraværende mere end én dag, går virksomheden mere eller mindre i stå. Men det er Mester aldrig, for han vil ikke risikere, at de andre finder ud af, at de godt kan uden ham.

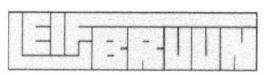

Administrative værktøjer

En leder, der ikke har overblik, er indlysende nok en dårlig leder. Man mister respekten for ham og løber om hjørner med ham. For en leder gælder det således om at få arbejdsrutinerne sat i system, så man skal bruge mindst mulig tid og energi på dem, og i stedet kan koncentrere sig om, at kigge fremad, planlægge og lede medarbejderne.

Hvad gør så den stakkels leder, der er ved at drukne i administrative opgaver og har mistet overblikket. Ja, han (m/k) kan anskaffe sig et moderne computerstyret system. Det findes uden tvivl masser af programmer, der passer til hans arbejdssituation. Så kan han rydde en hjørneplads på skrivebordet og sætte sig til der, mens papirstakkene vokser om ørene på ham og medarbejderne driver rundt på må og få.

Den går ikke. Og det er ikke computersystemets skyld. Det holder uden tvivl, hvad der blev lovet. Men uanset hvilket løsningssystem man vælger, stilles der 2 krav til lederen: systematisk tænkemåde og disciplin - eller med andre ord en struktureret arbejdsmåde. Det må man gøre sig klart, inden man begynder at anskaffe sig mere eller mindre avancerede hjælpemidler.

Lyder det kedeligt? Det er det bestemt ikke. For det, det drejer sig om, er at frigøre sig fra bundne opgaver, så man får tid til de kreative. Det er lige nøjagtigt her, der begynder at gå galt for mange ledere. De får aldrig skaffet sig overskud til at realisere, at deres job hovedsagelig består i at arbejde forud for medarbejderne. De arbejdsopgaver medarbejderne lige nu er i gang med at udføre, har den strukturerede leder for længst forudset, gennemtænkt og planlagt. Lige nu er han engageret i at gøre tilsvarende med de kommende opgaver.

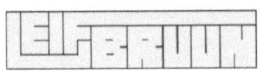

Hvordan får man vendt arbejdssituationen, så man i stedet for at bruge 80 % af tiden på administrative og rutinemæssige opgaver og 20 % af tiden til ledelsesfunktioner, så forholdet bliver omvendt? Lad os gøre et tankeeksperiment. Vi forestiller os, at jeg har fået *Mesters* ^{s.26}**Fejl! Bogmærke er ikke defineret.** job. Mester var leder af teknisk afdeling[1] i en større produktionsvirksomhed, men blev syg af for meget røg og stress, og nu er jobbet mit.

Det første jeg vil gøre, er at leje en lukket container i 3 måneder og tømme alt indholdet fra Mesters kontor ud i denne. De 3 måneder er den periode, jeg har til at hente ting tilbage fra containeren. Derefter ryger resten på lossepladsen.

Kontoret vil jeg lade sætte i stand med maling, nyt gulvtæppe, nye gardiner, blomster i vindueskarmene og billeder på væggene. Inventaret skal være pænt og praktisk, så jeg har mulighed for at indrette mig efter behov med skuffer, skabe, reoler, hængemapper m.m. Her skal jeg opholde mig i mange timer fremover, så her skal være rart at være - og så vil jeg gerne signalere til alle sider, at der er nye tider på vej.

For at nå mit mål får jeg brug for en række værktøjer. For forklaringens skyld vil jeg i det efterfølgende forklare indførelsen af disse værktøjer enkeltvis - vel vidende, at det i virkeligheden ville komme til at foregå meget mere kaotisk og følelsesladet med så radikale ændringer af en afdelings arbejdsgang.

De omtalte værktøjer bliver helt uden brug af computerkraft, men alt efter temperament og behov kan man selv hen ad vejen udbygge med dette.

---

[1] Teknisk afdelig ~ så er jeg selv på hjemmebane. Og i princippet er det vel ikke meget anderledes end andre lederjob.

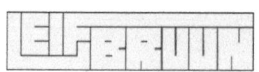

Arbejdstavle

Mundtlige arbejdsaftaler dur ikke. Der er ingen, der bagefter kan huske, hvad det var, man aftalte, og det er alt for nemt at forklare sig ud af det igen, hvis aftalen ikke lige passer en. Skriftlige aftaler bliver alt for omstændelige og bureaukratiske, og hvis ikke de er entydig beskrevne, kan der alligevel opstå misforståelser. Derfor er der ingen anden udvej, end at lederen må ud på arbejdsstedet og diskutere opgaven igennem med håndværkeren og lave en klar aftale. Bagefter bekræfter lederen aftalen skriftligt - med nogle få stikord på en seddel. Til disse arbejdssedler kan man lave en arbejdstavle og placere et iøjnefaldende sted på værkstedet. Den kan fx udformes således:

	NiOl	LaSø	JENi		StBH	RoBa	
Has-ter							
Ved lejlig-hed							Afsluttet
Afbrudt arbejde							

Tavlen er inddelt i felter i A5-størrelse. Den er af jern, så arbejdssedlerne kan fastgøres med magneter. Hermed har man et værktøj til at skaffe sig selv, og alle andre i afdelingen, overblik over hvilke arbejder de forskellige er i gang med - med en effektiv tilbagemelding, når arbejdet er afsluttet.

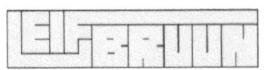

På arbejdstavlen - og i mange andre sammenhænge - kan det være praktisk at benytte forkortelser af medarbejdernes navne. Fx:

> NiOl ~ Niels Olsen
> LaSø ~ Lars Sørensen
> JENi ~ Jens Erik Nielsen
> StBH ~ Steen Brahe Hansen
> RoBa ~ Robert Banke

De 4 bogstaver bliver ikke altid særlig mundrette, men det betyder ikke noget, for de skal kun bruges skriftligt til en entydig og let genkendelig definition af medarbejderne.

Notesbog

En leder skal kun have besked én gang og glemmer aldrig noget! Sådan må det nødvendigvis være. Når man kræver disciplin af medarbejderne, må man selv gå foran som et godt eksempel.

Lad være med at tro, at du kan huske de forskellige signaler og beskeder du får på din vej rundt i virksomheden. Hav altid en notesbog på dig. Brug den med det samme, du erfarer, at der er noget, du skal huske. Et kort notat, så kan du med sindsro fortsætte med det, du egentlig var i gang med.

Og du kan godt gøre dig klart, når du bevæger dig rundt i virksomheden, at det oftest er på de mest ubelejlige tidspunkter, du får beskederne. Men andre kan jo ikke se på dig, hvad du lige nu er i gang med. Måske er det første gang i lang tid, den pågældende ser dig - og uden at vide, hvornår

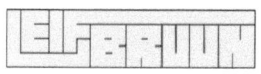

du kommer igen. Derfor, hvis du har travlt, frem med no-
tesbogen, noter personens navn, eller et stikord og sig, du
kommer tilbage senere. Og frem for alt, sørg for at gøre det.

Receptionen

Husk at give receptionisten blomster og chokolade med
passende mellemrum! Hun (m/k) er en vigtig person, du for
enhver pris skal have et godt samarbejde med. Hun er afgø-
rende for, om du kan komme til at disponere over din egen
tid, eller om alle andre kommer til at gøre det.

Personsøgere og mobiltelefoner er bandlyste - eller må
om nødvendigt kun bruges i tilfælde af brand og andre al-
vorlige ulykker. Når du er ude i virksomheden, er det fordi,
du har besluttet dig for, at det lige nu er der, du skal være.
Og hvad hjælper det, at have muligheden for at stå ude i en
krog af virksomheden og lave telefoniske aftaler, når alle
dine værktøjer og hele dit aftalegrundlag ligger på dit kon-
tor.

Repræsentanter og andre, som lige kommer forbi - fordi,
det er de simpelthen ansat til at gøre - uden at have forud-
gående aftaler, er de største tidsrøvere. Dem skal receptio-
nisten venligt, men konsekvent give besked på, at du er op-
taget resten af dagen.

Det er i alle disse situationer, receptionisten skal redde
dig. Hun lukker kun telefonsamtaler igennem, når du sidder
alene på dit kontor. I alle andre situationer taler hun venligt
med folk og modtager beskeder, som hun viderebringer dig
ved først givne lejlighed.

Har du for øvrigt tænkt over, at telefonen altid har første-
prioritet! Det har den, fordi den kimer så hjerteskærende, at

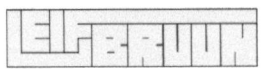

man skal være mere end almindelig hårdhudet for ikke at reagere. Nysgerrigheden er drivværket, for hvem mon det er? Og når man så har taget den, sidder man i saksen.

Fra en stor arbejdsplads har jeg erfaringer med en lagerchef af *Katastrofetypen*[s25]. Vi var mange, det var afhængige af hans hjælp - med det resultat, at der oftest var kø for at komme til at tale med ham. Med skam erkender jeg, at jeg nogen gange i frustration gik tilbage til mit kontor og ringede til ham for på den måde at klare mit ærinde i en håndevending.

Endelig skal det tilføjes med hensyn til prioritering af egen tid, at kundepleje - hvad enten det er eksterne eller interne kunder - altid er en del af en leders job. Her må lederen stå til rådighed, når kunden har behov, ellers kan han jo ikke pleje kunden. Sådan må det nødvendigvis være. Jeg kan blot konstatere, at kundepleje passer meget dårligt sammen med målrettet ledelse, for ingen mennesker kan koncentrere sig om mere end én ting af gangen. Fleksible og praktiske ordninger er det eneste, der kan afbøde det problem. Fx er der vel andre end lederen, der kan forestå kundeplejen - langt hen ad vejen.

Periodisk planlægningstavle

Når der sker produktionsstop pga. tekniske problemer, har alle travlt med at udbedre skaden og begrænse produktionstabet - alle undtagen lederen af vedligeholdelsesafdelingen! Den slags produktionsstop er det hans ansvar at minimere mest muligt. Så han går rundt og klør sig i nakken og spekulerer over, hvad der kan gøres, for at lignende stop ikke

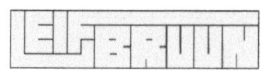

sker igen. Fx hvilke forebyggende vedligeholdelsesarbejder kan iværksættes for at forhindre dette?

Nu behøver lederen jo ikke vente på at ulykkerne sker, inden han klør sig i nakken og tænker fremadrettet. Faktisk skal det ligge i baghovedet på en leder i alle arbejdssituationer at overveje, hvad der kan gøres, for at dette fremover bliver endnu bedre.

Hvad enten det er forebyggende vedligeholdelsesarbejder eller andre ting, vil der således for enhver leder være behov for at have et værktøj til at lave periodisk planlægning. En praktisk og fleksibel planlægningstavle kan udføres således:

Jan	Feb	Mar	Apr	Maj	Jun	Jul	Aug	Sep	Okt	Nov	Dec

Som vist er det 12 stk. kortholdere sat op som en årskalender. Hvor mange lommer der skal være for hver måned, er helt individuel. Begynd fx med 31, da tavlen altid kan udvides efter behov. Tavlen ajourføres ved dagligt at placere Dags-dato-kortet og effektuerer de vedligeholdelseskort, der derved bliver aktuelle. I udsnit ser det således ud:

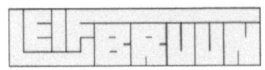

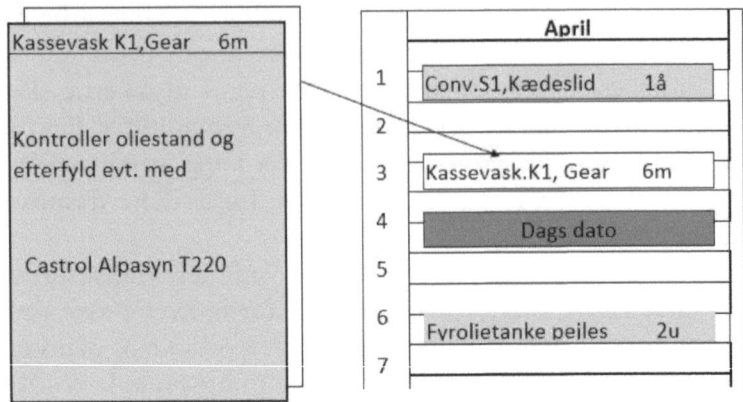

Kortene skal være dobbelte i 2 forskellige farver og med gennemslag. Størrelsen kan passende være 8 gange 12 cm. Det viste kort fortæller, at oliestanden på kassevasker K1's gear skal kontrolleres og evt. efterfyldes hver 6. måned.

Tavleudsnittet fortæller, at datoen er den 4. april. At det omtalte eftersyn på gearet på kassevasker K1 forfaldt til udførelse den 3. april, idet det mørke kort blev flyttet ud på *arbejdstavlen*[s.29] med besked til den pågældende håndværker om at udføre dette. Det lyse dubletkort bibeholdes på planlægningstavlen som kontrol på, at eftersynet ikke er afsluttet endnu.

Endvidere fortæller tavleudsnittet, at der den 2. april blev kontrolleret for kædeslid på conveyor S1, og at det er et 1 årligt eftersyn. Hvorfor kortet er sat i, så man møder det igen samme dato næste år. Samt at den 10. april skal fyrolietankene pejles.

Når kontrollen på kassevasker K1's gear er udført, samles de 2 dubletkort igen og flyttes 6 måneder frem i forhold til Dags-dato-kortet. Næste eftersynsdato bliver således løbende justeret, hvis eftersynet af en eller anden årsag bliver udført senere end planlagt. Dette er en afgørende fordel i

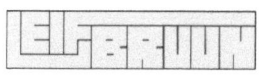

forhold til planlægningssystemer, der kører med faste inter-
valler.

Tilsvarende kan man også lave variable intervaller, hvor
man ved hvert eftersyn vurderer, hvornår man vil se kortet
igen. Fx kan det med fordel gøres ved pejling af fyrolie-
tanke, da intervallet er afhængigt af resultatet af forrige pej-
ling og årstiden.

Ordrebog

Som leder kan man ikke bare lave et job færdig ad gangen,
inden man går i gang med det næste. Ustandseligt bliver
man bremset i sit arbejde, enten fordi der sker andre akutte
ting, eller fordi man er afhængig af andre. Det kan dreje sig
om levering af reservedele, materialer, fremmede ydelser,
eller det kan være chefen, der skal have tid til at klø sig i
nakken og tænke over tingene. Der er således undskyldnin-
ger nok til at bortforklare, hvis det ikke går, som det skal.
Men bortforklaringer er ikke det, lederen er ansat til. Hans
job er at nå de opsatte mål. Derfor må han sørge for at vælge
samarbejdspartnere, der holder, hvad de lover.

For at holde styr på alt dette, må lederen anskaffe sig en
ordrebog og hver gang han afgiver en ordre eller laver en
aftale notere det i denne:

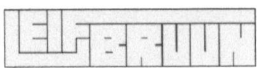

1/4	2 længder fladjern 30*5	Sanistål	x/x	
2/4	Div. tegninger	Kryger	x/	4/4 ok - 6/4 sender i dag
4/4	6" Skruenøgle	Sanistål		
5/4	Hydraulikolie - lev. 8/4	Shell	x/	
6/4	Accept, projekt 17 - i morgen	Chefen	x/x	
6/4	2*5 l Grundmaling - haster	Colorfix	x/	7/4 straks
7/4	Aftale møde - ringer tilbage	Ing. Holm	x/	

En kassebog fx Esselte nr. 41402 er velegnet. Med 3 streger kan man dele venstresiden i 4 kolonner: Ordredato | ordre | med hvem | ordre afgivet / ordre udført checkkrydser. Højresiden holdes fri til eventuelle supplerende aftaler.

Ordrebogen er således til eksterne aftaler, såvel som *arbejdstavlen*[s.29] er til interne aftaler. Tilsammen giver de et godt overblik over hvilke aftaler, der er indgået, og hvad status er på dem.

Prioriteringsbakker

Maskinchefen på mit første skib havde det bedst, når han sad tilbagelænet i messen med en kold øl og fortalte historier, som han selv grinede højt og larmende af. Én af historierne brugte han til at forklare, hvorfor han var så hurtig til at overstå sit arbejde:
- Da jeg kom her ombord, overtog jeg et skrivebord, der var ved at drukne i papirer. Det første jeg gjorde, var derfor at tømme skrivebordsskufferne, skrive *Haster* på den øverste, *Snarest* på den midterste og *Ved lejlighed* på den nederste. Derefter sorterede jeg papirstakkene ud i de tre skuffer. Det viste sig selvfølgelig hurtigt at give problemer, men så fjernede jeg bunden i de to øverste skuffer.
- Og nu virker det!

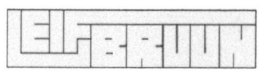

Det var så her, han grinede højt og larmende. Men man skal nu ikke tage fejl af min gamle chef, for han vidste godt, hvad det drejede sig om, det var bare ikke alt, han sagde, man skulle opfatte ordret. Ham lærte jeg meget af.

Bl.a. lærte jeg, at man kun kan arbejde koncentreret og effektivt med én sag ad gangen. Det lyder indlysende, men eftersom vi taler om skrivebordsarbejde, og de flestes skriveborde er ved at drukne i papirer, er der ikke mange, der tager den kendsgerning alvorligt. For sandheden er jo, at man ikke gemmer papirerne væk, fordi de ligger som påmindelse for noget, man skal huske at gøre - og dermed nødvendigvis virker distraherende på det, man er i gang med lige nu.

I stedet for maskinchefens skuffer foretrækker jeg tre rummelige bakker, som kan stå oven på hinanden på et hjørne af skrivebordet. Egentlig kunne man godt nøjes med 2 bakker, da opgaverne altid vælges fra den øverste bakke, men den nederste 3. bakke er god til opbevaring af reklamer, tidsskrifter m.m., som simpelthen må vente til en passende lejlighed.

For øvrigt så anskaf dig 4 bakker, så kan den øverste bruges til opbevaring af *ordrebogen*[s.35] og en evt. telefonliste.

Nu kan alle papirerne fra et overfyldt skrivebord jo ikke være i 3 bakker, så det hører med til historien, at der også skal bruges et hængemappearkiv. Vælg et fleksibelt system med faner der nemt kan skrives et projektnavn på, og hvor der også kan placeres hænge-ringbind. På den måde kan man hurtigt arkivere langt de fleste af papirerne med kun en enkelt huskeseddel i en af prioriteringsbakkerne.

Prioriteringsbakkerne husker således alle sagerne, og man behøver blot vælge den mest presserende sag fra den

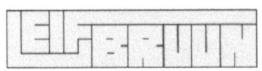

øverste bakke. Dog skal man med passende mellemrum omsortere bakkernes indhold, så ingen af sagerne gror fast på de nederste bakker.

Endelig er det også en væsentlig faktor, at det ryddelige skrivebord signalerer til andre, at man har orden i papirerne.

Et signal der dog kan blive vel kraftigt, hvis der kommer nogen ind ad døren i det øjeblik, der går, fra man har arkiveret alle papirerne, til man får den prioriterede sag frem.

Så er det altså svært ikke at ligne en, der har for lidt at lave.

Fortrydelseskassen

Nu havner der jo også andre papirer på ens skrivebord end lige de deciderede arbejdspapirer - så som opgørelser, regnskaber, informationer, reklamer m.m. Nogle af dem læser man som orientering og smider væk, andre arkiverer man til eventuel senere brug. Men pas på, det er enorme mængder papir, vi omgiver os med, og man kan hurtigt komme til at arkivere sig et vist sted hen.

Fx har jeg oplevet 4 kolleger med fælles kontor, der hver især sad og arkiverede nøjagtigt de samme oplysninger. Vær derfor opmærksom på de funktioner, du bruger tid på. Tjener det noget formål? Mange papirer arkiveres faktisk bedst lodret - direkte i papirkurven.

Det er her fortrydelseskassen kommer ind i billedet. En kasse i A4-størrelse, der står ved siden af skrivebordet. For mange gange sidder man med nogle papirer, man er i tvivl om. Helst vil man smide dem ud med det samme, men det er også ærgerligt at komme til at mangle dem senere. Det er den slags papirer, du smider i fortrydelseskassen.

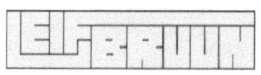

Når fortrydelseskassen er fuld efter et par måneders forløb,
tager man fat i den nederste halvdel af papirerne og smider
dem ud. Så er der plads igen - til næste måneds tvivlrådig-
heder.

-- o --

Hermed har jeg fået præsenteret de nødvendige administra-
tive værktøjer:

- Arbejdstavle[s.29]
- Notesbog [s.30]
- Receptionen [s.31]
- Periodisk planlægningstavle [s.29]
- Ordrebog [s.35]
- Prioriteringsbakker [s.36]
- Fortrydelseskassen [s.38]

Nu gælder det om at få dem til at spille sammen, så de ad-
ministrative og rutinemæssige opgaver kan løses effektivt
og uden sværdslag. En arbejdsdags begyndelse kan fx fo-
regå således:

Først ajourfører man planlægningstavlen og effektuerer
de vedligeholdelseskort, der derved bliver aktuelle. Går ud
på værkstedet og ajourfører *arbejdstavlen* og følger op på
håndværkernes arbejder, gør status og træffer evt. nye afta-
ler. Hilser god morgen til receptionisten, hører om der er
nye beskeder og orienterer om egne forventninger til dagen,
så han/hun bedst muligt kan tage stilling til de henvendel-
ser, der kommer. Går ind til skrivebordet - til alle de papirer,
der uden tvivl er dukket op på dette - og bringer dem i orden
i *prioriteringsbakkerne,* fortrydelseskassen eller direkte i
papirkurven. Kigger i notesbogen for eventuelle stikord, der
skal skrives ud på en arbejdsseddel. Kigger i ordrebogen om

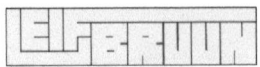

der er leverandører, der skal rykkes. Læner sig tilbage i sto-
len, og siger:

- Det var så dét.

Slapper af et øjeblik og kigger sig rundt i det hyggelige
kontor.

Eller som min gamle maskinchef gjorde det: Gik ind i
messen og knappede en kold øl op.

For resten …
    Forudsætningen for enhver udvikling er,
at nogen i forvejen har gjort det indviklet!

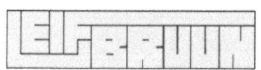

Stikordsregister

Til egne notater

Til egne notater